Inhalt

Beschäftigungseffekte der EU-Osterweiterung

Kernthesen

Beitrag

Fallbeispiele

Weiterführende Literatur

Impressum

GENIOS WirtschaftsWissen Nr. 12/2003 vom 01.12.2003

Beschäftigungseffekte der EU-Osterweiterung

M.Sydow

Kernthesen

- Zuwanderung von Arbeitskräften im Zuge der EU-Osterweiterung kann die Arbeitslosigkeit in bestimmten Sektoren Deutschlands fördern. (1), (3)
- Durch die Verlagerung deutscher Produktionsstandorte in die mittel- und osteuropäischen Beitrittsländer kann die internationale Wettbewerbsfähigkeit Deutschlands gesteigert werden. (1)
- Die potentiellen Verlierer des Europäischen Integrationsprozesses müssen auf die neuen Anforderungen eines erweiterten Arbeitsmarktes vorbereitet werden. (3),

Beitrag

Die Erweiterung der Europäischen Union (EU) im Mai 2004 wird die bereits bestehende Union der 15 um weitere 10 Staaten ergänzen. Dieser Schritt wird eine Wanderungsbewegung von Arbeitskräften auslösen. Die Befürchtung der bisherigen Mitgliedsstaaten der EU ist daher, dass es durch diesen Migrationseffekt zu Einbußen im Wachstum und der Beschäftigung kommen kann. Nachfolgend werden die Determinanten der Zuwanderung, die Wirkungen der Osterweiterung auf den deutschen Arbeitsmarkt sowie politökonomische Szenarien der Erweiterung beschrieben. Anschließend werden Hinweise für die strategische Ausrichtung von Unternehmen gegeben.

Determinanten der Migration

Migration kann durch verschiedene Gründe ausgelöst werden. Ein Faktor ist die Höhe des Lohnes, der die Wanderung von Regionen mit niedrigen Löhnen zu Regionen mit hohen Löhnen bestimmt. Entscheidend für die Durchführung des Arbeitsplatzwechsels oder des eigenen Standortes ist allerdings der Nettogewinn, der sich durch die Durchführung dieses Vorhabens ergibt. D. h., je höher der Nettogewinn, umso größer die

Wahrscheinlichkeit der Migration. Zusätzlich sind jedoch auch die Kosten eines Umzuges zu berücksichtigen. Damit sind beispielsweise Transportkosten oder der Verlust von Sozialvermögen gemeint.

Weitere Wanderungsmotive sind Wachstums- und Arbeitsmarktchancen, die räumliche Entfernung zum Zielland und insbesondere bestehende Netzwerke im Zielland. Gerade in Grenzregionen ist die Entfernung zum Zielland gering und dadurch sind auch die Kosten der Migration überschaubar. So ist in auch in Deutschland beispielsweise an der polnischen Grenze mit verstärkten Wanderungsbewegungen zu rechnen, die sich jedoch nach einer gewissen Zeit einpendeln werden wie auch in anderen Grenzregionen Deutschlands.

Aus Sicht der osteuropäischen Beitrittskandidaten stellt zudem das System der sozialen Sicherung in Deutschland einen zusätzlichen Anreizfaktor für Migration dar. Aber auch das Alter ist ausschlaggebend für Migrationsentscheidungen. Nur die Altersgruppe zwischen 20 und 35 Jahren sind als potentielle Emigranten einzustufen, da ab einem höheren Alter durch Migration ein Nettogewinn nur schwerlich zu realisieren ist. Schließlich ist auch das so genannte Humanvermögen des einzelnen Emigranten für eine Wanderungsbewegung entscheidend. D. h., wie leicht fällt es einem Individuum ein neues soziales Netzwerk aufzubauen oder einen Arbeitsplatz zu bekommen. (1)

Wirkungen auf der Unternehmens- und Länderebene

Die EU-Erweiterung hat auch Auswirkungen auf die internationale Wettbewerbsfähigkeit eines Landes. Niedrige Löhne und hoch qualifizierte Arbeitskräfte in den mittel- und osteuropäischen Ländern (MOEL) stellen einen eindeutigen Standortvorteil im Hinblick auf arbeitsintensive Produktion dar. Die internationale Wettbewerbsfähigkeit Deutschlands könnte dadurch profitieren. Einerseits können durch neue Produktionsstandorte in den MOEL Arbeitsplätze bei deutschen Unternehmen gesichert werden. Andererseits ist Deutschland durch den zunehmenden Wettbewerbsdruck zu einem Wandel in Richtung Technologieintensivierung und Qualitätssteigerung in der Produktion gezwungen. Die Folge davon ist eine Steigerung der eigenen internationalen Wettbewerbsfähigkeit.

Weitere potentielle Standortvorteile ergeben sich aus dem hohen Bildungsniveau sowie dem hohen Anteil an Facharbeitern und Experten in den MOEL, die gerade für Deutschland im Bereich Forschung und Entwicklung förderlich sein könnten. Die geographische Nähe Deutschlands zu den MOEL könnte dabei von Vorteil sein. Länder wie Portugal, Spanien oder Irland, die keine so intensiven Kontakte zu den MOEL pflegen, werden allerdings geringere Effizienzgewinne realisieren. (2)

Wirkung auf den Arbeitsmarkt

Hierbei ist zwischen gering qualifizierter und qualifizierter Arbeit zu unterscheiden. Modelltheoretischen Überlegungen entsprechend ist mit einem gering Einfluss der Zuwanderung auf die ökonomische Situation in Deutschland zu rechnen. Hintergrund dafür ist die Überlegung, dass Migration nicht zwangsläufig mit steigender Arbeitslosigkeit einhergeht. Falls die Zuwanderung in Bereichen erfolgt, die bereits mit einer hohen Arbeitslosenrate zu kämpfen haben, wie zum Beispiel in der Baubranche, wird die Gruppe der gering Qualifizierten betroffen sein. Qualifizierte Arbeit hingegen wird der neuen Konkurrenz standhalten können. Wahrscheinlich ist, dass die gesamtwirtschaftlichen Verlust an Effizienzgewinnen sich durch das Migrationsstreben hoch qualifizierter Arbeitskräfte ausgleichen können. Im Falle besonders hoher Arbeitslosigkeit in bestimmten Sektoren ist ein Eingriff durch den politischen Prozess allerdings sinnvoll. (1), (3)

Weiterhin ist Migration hinsichtlich der demographischen Entwicklung in Deutschland, mit einer rückläufigen Bevölkerungsstruktur, mittel- bis langfristig unabdingbar. Denn eine deutsche Bevölkerung, die in den nächsten 10 bis 15 Jahre überaltert sein wird, kann nur durch Zuwanderung von Arbeitskräften ihr bisheriges Rentensystem aufrecht erhalten. (1)

Politökonomische Effekte der EU-Osterweiterung

Der so genannten Burda Hypothese zufolge kann die EU-Erweiterung wie ein trojanisches Pferd EU-interne Reformen anstoßen und eine Flexibilisierung des Arbeitsmarktes hervorrufen. Der Europäische Integrationsprozess und speziell die Erweiterung der Währungsunion werden als Möglichkeit gesehen, lang ausstehende institutionelle Reformen umzusetzen. Als Vorbild dafür gelten die durch die Wiedervereinigung in Deutschland erzielten Reformen hinsichtlich der Lohnstruktur, den Ladenschlusszeiten oder der kollektiven Lohnfindung, wie Tarifvereinbarungen auf der Betriebsebene. (1), (3)

Strategische Überlegungen aus Sicht der Unternehmen

1. Optimieren nicht größer, sonder besser werden. Unternehmen müssen die Verschärfung des Wettbewerbs durch die EU-Erweiterung in ihr strategisches Kalkül mit einbeziehen. Um sich gegenüber der Konkurrenz abzugrenzen, sind Qualitätssteigerungen, Servicekompetenz, Kundennähe und Zuverlässigkeit unerlässlich.

2. Einkaufen statt selber produzieren. Gerade arbeitsintensive Vor- und Zwischenprodukte können in Osteuropa aufgrund von niedrigeren Lohn- und Lohnnebenkosten wesentlich günstiger gefertigt werden, so dass sich die Eigenherstellung oftmals und gerade im Falle von kleineren Stückzahlen nicht lohnt.

3. Exportieren mit dem Gütesiegel Made in Germany. Vor allem prestigeträchtige Waren sind in Osteuropa begehrt. Standarderzeugnisse und dienstleistungen finden hingegen weniger Anklang.

4. Expandieren ohne Besserwisserei.

Geschäftskonzepte, die in Deutschland bereits erfolgreich waren, lassen sich nicht einfach auf eine fremde Kultur übertragen. Ausländische Mentalitäten und Ansprüche müssen in der Unternehmenskultur berücksichtigt werden.

Fallbeispiele

Im Falle Österreichs geht man davon aus, dass die EU-Osterweiterung im Baugewerbe gerade in Grenzregionen zu Wachstumseffekten führen kann. Die Bauwirtschaft hat allerdings schon seit einigen Jahren die Grenzen zu den mittel- und osteuropäischen Nachbarländern überwunden. So ist der Bau-Riese Haselsteiner bereits seit 1984 in Polen, seit 1986 in Ungarn und seit 1991 in der Tschechischen Republik tätig. Die Produktivitätsunterschiede in der Baubranche zwischen Österreich und Ungarn sind bereits heute zu vernachlässigen. Allerdings stehen die jeweiligen nationalen Einkommen noch in einem Verhältnis von vier zu eins. Um diesen Unterschied und auch den in Bezug auf andere makroökonomische Größen anzugleichen, gibt es eine Übergangsfrist von sieben Jahren nach dem Beitritt der MOEL. Mittels

Kontingenten werden dann der Arbeiterverkehr und die freie Dienstleistung in dem eben genannten Zeitraum eingegrenzt. Jedoch besteht die Gefahr, dass durch Scheinselbstständige, die Niederlassungsfreiheit genießen, oder auch Schwarzarbeiter die Wirksamkeit dieser Einschränkungen hinfällig wird. (4)

Weiterführende Literatur

(1) Auswirkungen der EU-Osterweiterung auf die Beschäftigung
aus Sozialer Fortschritt, Heft 10/2003, S. 266 - 273

(2) Deutschland - ein Gewinner der EU-Osterweiterung?
aus Sparkasse, Oktober 2003, Nr. 10, S. 476

(3) Farhauer, Oliver; Schrader, Bettina, Arbeitsmarkteffekte der EU-Osterweiterung, Wirtschaftswissenschaftliches Studium, Heft 10/2003, S. 603
aus Sparkasse, Oktober 2003, Nr. 10, S. 476

(4) "Für das Baugewerbe spielt die Osterweiterung keine Rolle" Interview
aus WirtschaftsBlatt, 26.08.2003, Nr. 1939, S. S20

Impressum

Beschäftigungseffekte der EU-Osterweiterung

Bibliografische Information der deutschen Nationalbibliothek

Die Deutsche Nationalbibliothek verzeichnet diese Publikation in der deutschen Nationalbibliografie; detaillierte bibliografische Daten sind im Internet über http://dnb.d-nb.de abrufbar.

ISBN: 978-3-7379-1712-4

© 2015 GBI-Genios Deutsche Wirtschaftsdatenbank GmbH, Freischützstraße 96, 81927 München, www.genios.de

Alle Rechte vorbehalten. Dieses Werk ist einschließlich aller seiner Teile – z.B. Texte, Tabellen und Grafiken - urheberrechtlich geschützt. Jede Verwertung außerhalb der Grenzen des Urheberrechtsgesetzes bedarf der vorherigen Zustimmung des Verlags. Dies gilt insbesondere auch für auszugsweise Nachdrucke, fotomechanische Vervielfältigungen (Fotokopie/Mikroskopie), Übersetzungen, Auswertungen durch Datenbanken oder ähnliche Einrichtungen und die Einspeicherung und Verarbeitung in elektronischen Systemen.